DISCOURS

PRONONCÉ A LA MÉMOIRE

DE

FEU MADAME RAPP,

NÉE EDIGHOFFEN,

Lors de ses funérailles au Temple-neuf de Strasbourg, le 22 Février 1814,

PAR

JEAN-LAURENT BLESSIG,

Professeur en théologie, Inspecteur ecclésiastique.

STRASBOURG,

De l'impr. de LEVRAULT, rue des Juifs, n.° 33.

1814.

DISCOURS

PRONONCÉ

A LA MÉMOIRE DE FEU Mme RAPP,

NÉE EDIGHOFFEN.

Prière.

Éternel, rappelez-moi toujours et la fin de mes souffrances et le terme des jours que vous m'avez marqués. Ma carrière est courte; ma vie n'est rien devant vous. L'homme le plus affermi n'est qu'un pur néant devant vous. Nous errons dans les ténèbres, consumés par de vaines inquiétudes. En qui dois-je donc espérer, ô mon souverain Maître. Vous êtes le seul appui de mon ame. Éternel, daignez écouter mon humble prière, prêtez à mes cris une oreille attentive. En votre présence je ressemble au voyageur, ainsi que l'ont été mes pères. O mon Dieu! quand je touche à ma fin, daignez me recevoir dans votre tente hospitalière. Amen! (Psaume 39.)

CHRÉTIENS, MES FRÈRES!

Vous venez de l'entendre, *l'homme n'est qu'un voyageur sur la terre; il erré loin de sa patrie.* L'Écriture nous le dit en mille endroits. Je n'en citerai pas ici d'autres que celui du psaume d'où est tirée la prière qu'en notre nom commun j'ai adressée au Tout-puissant.

L'homme n'est qu'un voyageur sur la terre! Nous en faut-il d'autre preuve que l'aspect de ces cendres, et en même temps celui du convoi funèbre qui l'entoure? Abandonnant ses foyers jusque-là paisibles, maintenant troublés, se réfugiant avec les siens dans les murailles de la métropole du pays, la défunte que nous pleurons, s'est vue séparée d'une partie de sa famille chérie; elle s'est vue arrachée à la plus belle de ses espérances, à celle qu'elle proférait encore de ses lèvres mourantes, à l'espérance de jeter encore une fois un regard maternel sur ce fils dont la tendresse n'a pas moins répandu de douceurs sur ses jours que sa gloire a jeté d'éclat sur son nom : mais la Providence en avait autrement ordonné.

La mère languissait aux bords du Rhin, tandis qu'aux rivages du Borysthène le fils jouit, malgré lui, au milieu de ses braves compagnons d'armes, d'un repos mérité par la défense la plus héroïque. La mère rend son dernier soupir, non sur un sol étranger, mais cependant éloignée des habitations où, entourée des siens, elle avait séjourné successivement.

Ah, oui, l'homme n'est qu'un voyageur sur la terre. Et quelle preuve inattendue ne m'en fournissez-vous pas vous-mêmes, Messieurs? Dans le nombre des citoyens de tout ordre qui accourent ici pour honorer ces obsèques, je distingue avec une vénération mêlée d'amertume ces premiers Magistrats de notre pays, qui, pour maintenir l'indépendance de la loi et fidelles à leur serment de ne rendre la justice qu'au nom de leur souverain et de leur patrie, ont mis les oracles de la justice sous la tutelle des citoyens de cette ville et des soldats armés pour la défense commune. Vénérables Magistrats! nous vous saluons comme nos hôtes chéris, nous respectons en vous les régulateurs de nos droits. Et vous-mêmes, dans ce moment, vous remplissez un devoir hospitalier en rendant, hors de chez vous, les derniers honneurs à une compatriote que la mort a atteinte hors de sa demeure accoutumée. Me faut-il donc d'autres documens pour rendre visible à tous les yeux cette grande vérité, que personne ne conteste, mais dont peu de mortels se pénètrent, que l'homme n'est qu'un voyageur, qu'une ombre fugitive sur la terre!

Elle était profondément pénétrée de cet important axiome, la femme si digne d'estime, dont les dépouilles mortelles reposent au pied de cet autel, et la grande vérité dont je vous entretiens ne fut pas stérile pour elle. Cette vérité passa de son ame dans sa vie, lui apprit à apprécier d'après leur véritable valeur les choses de ce monde, et lui servit de boussole dans l'orage comme dans le calme : de-là sa fermeté, de-là sa modestie. Rien ne pouvait l'éblouir, rien ne la troublait. C'était un ruisseau paisible qui, sans bruit et sans fracas, roulait en silence ses ondes pures et rafraîchissantes. Pour la peindre d'un seul trait, je lui appliquerai ce que la sainte écriture nous rapporte du caractère de ce patriarche de la Mésopotamie, dont la modération au sein de la prospérité, de même que la patience dans les jours d'angoisse, sont proposées comme modèle à tous les siècles : « Il y avait un homme qui s'appelait Job ; cet homme était simple de mœurs et droit de cœur; il craignait

« Dieu et il fuyait le mal. » (Livre de Job. 1, 1.)

En plaçant cette épitaphe sur la tombe de la femme chrétienne dont nous regrettons la perte, j'ai la douce certitude qu'au fond de son ame personne ne l'improuvera, n'en suspectera la vérité. Ce n'est pas une voix adulatrice qui s'élève; c'est le suffrage unanime de tous ceux qui l'ont connue, qui, d'un commun accord, lui décerne ce monument.

Mais si cette parole, ce touchant portrait, consigné dans l'Écriture, est l'adieu le plus honorable que l'on puisse adresser à l'ami qui nous quitte à jamais, ne serait-il pas en même temps le plus pathétique cri de ralliement pour nous, réunis encore aujourd'hui dans la carrière du voyageur?

Dans cette conviction vous me permettrez, je l'espère, Messieurs, quelques mots de développement de la pensée de ce texte, que je terminerai par le précepte mis en pratique, en vous rappelant l'exemple même de celle qui nous l'a si bien retracé.

« Job était simple de mœurs et droit de « cœur; il craignait Dieu et il fuyait le « mal. » Commençons par le dernier trait :

c'est la source; les eaux pures qui en dé-
coulent, nous fourniront le complément
de ce bel ensemble.

Craindre Dieu et fuir le mal! — De-
mandez-le aux hommes de tous les âges et
de tous les climats, n'est-ce pas là la loi
fondamentale, écrite en caractères impéris-
sables dans la conscience de tous les mortels? Toutes les sciences pratiques, toutes
les branches de la morale, soit naturelle,
soit positive, générale ou appliquée, n'en
sont - elles pas autant d'émanations respectables et respectées, parce qu'elles brillent
toutes du même sceau de l'éternelle sanc-
tion? Cette partie même de la législation
des États, qui, le glaive de la justice à la
main, est l'organe de la vindicte publique,
et qui protège en punissant, est-elle autre
chose que la morale coërcitive qui, s'ar-
mant d'une salutaire sévérité, fait retentir
cette voix au cœur épouvanté du coupable:
*Le châtiment t'attend, parce que tu foulas
aux pieds le précepte primitif et sacré:*
crains Dieu et fuis le mal!

Ce serait donc bien là, sans la chercher
ailleurs, la base du pacte de réunion pour
la famille, si morcelée, si déchirée, des

humains. Aussi est-elle la première voix, comme la plus persuasive, que fassent entendre les mères, et que développent, en leur temps, les pères à leurs enfans chéris, dans l'aurore de leurs jours. C'est la lettre initiale de toute religion. La religion, proprement parlant, ne peut pas plus que l'éducation ni s'enseigner ni s'apprendre; mais l'éducation, entée sur la religion, peut et doit développer les germes qui se trouvent dans l'homme même. Si ces germes ne reposaient dans l'essence de l'homme, que pourriez-vous faire avec tout l'appareil de vos préceptes et de vos règles ? Ce serait un alliage factice et étranger, que repousserait tôt ou tard la constitution morale des êtres pensans. Oui, Messieurs, *la nature de l'homme est essentiellement religieuse.* Avant même de pouvoir se rendre compte de ses pensées, un doux pressentiment lui révèle le secret de ces sentimens qui le lient à un ordre, à un monde plus relevé.

Tenez ce langage au cœur de votre enfant, et son cœur s'épanouira et brillera d'un plus vif éclat, comme la rose printanière s'anime aux doux rayons d'un soleil matinal.

Cette heureuse expérience me ramène à

l'objet même de notre deuil. Oui, qu'elles sont respectables, les mères, ces premières institutrices du genre humain! Ce sont elles qui propagent la grande leçon : *mon enfant, crains Dieu et fuis le mal;* et le tendre élève, tressaillant, frémissant d'un doux transport, épanche son ame et adore avec des larmes de joie le Dieu tout-puissant, tout-saint, l'Invisible, l'Éternel, dont il retrouve l'image au fond de son ame émue. Alors la mère, pour alimenter ce feu sacré, reporte son enfant dans les âges de l'innocence de la terre; elle lui peint ces hommes chers à Dieu, ce Hénoch, ce Noé, cet Abraham, et ce roi de Salem, béni de Dieu et révéré d'Abraham, quoique n'appartenant pas à son culte, mais marchant avec lui devant la face de l'Éternel et fuyant la corruption. Elle couronnera sa belle tâche en traçant avec sensibilité, mais sans apprêt, à l'enfant qu'elle serre contre son cœur, le tableau de la sagesse et de l'amour de ce divin Sauveur qui aime si tendrement les enfans, comme il se dévoua pour tous les hommes avec une magnanimité pour laquelle nous n'avons que des larmes de gratitude, mais point de paroles.

Voilà l'institution religieuse et la disci-
pline de famille qui, parlant en même temps
au cœur, à l'imagination, aux sens, s'em-
pare de l'homme tout entier, et lui fait fuir
le mal, non par une crainte servile, mais
par ce même ressort de tendresse et de piété
filiale qui empêche l'enfant d'attrister le
cœur des parens dont les bienfaits l'entourent à tout instant. Cette antique institution,
dont la bonté est attestée par des milliers
d'années, fut celle que la défunte donna à
ses enfans : *Mon enfant, crains Dieu et fuis
le mal* Ah, Messieurs, pourquoi, sous le pré-
texte de nous élever à des abstractions trans-
cendantes, avons-nous séparé le sentiment
de son adorable auteur ? Nous parlons de
morale, et nous ne prononçons pas aussi
volontiers le saint nom de la Divinité, c'est-
à-dire, nous en appelons à la loi, et nous
supprimons, autant que faire se peut, le
nom du Législateur ! Non, la religion n'est
pas un froid hommage rendu à des idées
abstraites, à des devoirs dont nous ignorions
ou dont nous méconnaissions l'auteur. La
religion est l'adoration pure, autant que
spontanée, d'un Dieu vivant et présent partout ; elle est l'adoration d'une volonté su-

prême, qui est la source immortelle et le type immuable de toute perfection, comme de tout amour et bonté ; c'est un hommage qui inspire autant de confiance, d'humilité et d'alégresse, qu'il donne de dignité à l'ame et de fermeté au cœur. C'est par là que l'homme apprend où il peut se reposer. L'enfant le sait ; l'homme adulte devrait-il l'oublier ? Ah, le mot même lui indique sa route : religion, c'est cet auguste lien, c'est cette ligue sacrée que le Dieu tout-puissant daigne contracter avec l'homme qui, en se purifiant de toute souillure, veut réellement être sur la terre l'image et le représentant de son Dieu et de son père.

Craindre Dieu et fuir le mal. Que cette source du paradis jaillisse derechef, et qu'elle purifie cette terre si souvent dégradée par des hommes fascinés par le mal ou égarés par de trompeuses spéculations. Alors les eaux les plus pures et les plus limpides arroseraient tant d'arides déserts et ranimeraient tant de cœurs desséchés. L'autre trait du beau caractère que j'ai cité, se réfléchirait alors dans l'ame, dans la conduite entière des mortels, dans toutes leurs relations sociales et domestiques. Job était simple de

mœurs et droit de cœur. Simplicité, candeur, droiture : ce reste précieux, cette
sainte relique de l'état primitif de l'homme!
Ah, ce n'est jamais sans un charme inex-
primable que nous la retrouvons par-ci par-
là dans les fastes de l'histoire, et que nous
la révérons, si nous avons le bonheur de
la rencontrer dans le commerce de la vie.
Pourquoi ce bel astre luit-il si rarement et
si faiblement de nos jours? La civilisation
répugne-t-elle donc à la simplicité? La civilisation? non ; mais bien son simulacre
mensonger et factice. La simplicité, la candeur et la droiture s'éclipsent et se perdent
dès que l'on veut *dresser* les hommes au lieu
de les *former,* dès que l'on sacrifie à l'ap-
parence la valeur intrinsèque et réelle, dès
que l'on fait toutes les dépenses pour la
superficie des choses et pour l'opinion des
hommes, sans s'appliquer avant tout à mé-
riter sa propre et solide estime. Dans ce
revirement perpétuel de la vie sociale, dans
cette pénible étude de polir et de lisser les
dehors, les hommes, pour percer la foule,
ont besoin de se brillanter ; ils s'efforcent
de se faire remarquer ; ils se remarquent
beaucoup trop eux-mêmes : la médiocrité

singe le génie, et la demi-vertu, avec son vernis, recherche, non pas l'aloi, mais le renom et les hommages de la probité à toute épreuve. Comment la simplicité, la candeur, la droiture pourraient-elles croître à l'ombre de toutes ces influences malfaisantes? Non, avant de parler de santé morale, il faut commencer par détruire les miasmes qui circulent autour de nous et qui infectent l'air que nous respirons.

Voulez-vous éprouver la simplicité et la candeur à sa véritable pierre de touche, placez l'homme sur les éminences de la vie, faites-le monter sur les degrés supérieurs de l'échelle sociale. Si le fils de famille, sans rougir de son berceau, se fraie avec énergie, mais sans arrogance, une route nouvelle, et que, le premier, il illustre son propre nom, sans orgueil ; si sa mère, sans changer en rien l'assiette de son ame et de son caractère, sans courir après l'enluminure et le fard, ose rester fidelle à ses mœurs, à ses liaisons, même à tout son extérieur antique : ce fils et cette mère, dignes l'un de l'autre, sont dignes de leur nouvel éclat ; ils méritent et ils sont sûrs de recueillir sur leur passage la secrète admiration, et, ce qui vaut bien mieux encore, la bénédiction profondément sentie, et du monde qui les a vus naître, et de celui auquel le mérite et la valeur les ont associés.

Par un mouvement que partage sans doute mon auditoire tout entier, je me tourne avec attendrissement vers ces cendres que nous allons confier au sein de la terre. Ces cendres, cette argile, furent animées par une ame qui, dans toutes les occasions, dans toutes les situations, a su maintenir sa véritable dignité. Je dirai donc encore un mot de feu Madame RAPP; mais j'en parlerai dans un style répondant à sa vie, sans recherche et sans pompe.

Une très-grande partie de nos compatriotes la connaît uniquement (et sans doute la connaît par-là du côté le plus relevé) comme mère de ce guerrier distingué qui a su s'illustrer aux bords de l'Adige, du Nil, du Danube, de la Vistule; qui s'est illustré par son immuable attachechement à son maître et à son devoir, et qui, toujours un, toujours le même, fut l'ami de ses premiers comme de ses nouveaux amis, et constamment encore l'ami des pauvres et des souffrans. Tel il s'est montré dans ce temple même, dans sa ville natale, en route, aux camps et à Danzig. A ce mot, que la vérité notoire m'arrache, je n'ajouterai plus une syllabe. Le caractère de famille, le trait fondamental de l'éducation que la mère donna au fils, cette antique simplicité qui leur fut commune, s'opposent impérieusement à tout développement ultérieur.

Madame RAPP avait assez de force d'ame pour savoir supporter l'éclat de la fortune, et repousser loin d'elle tout air et tout sentiment de dédain, de hauteur, de prétention. A l'ombre de la modestie, elle cultivait, sans jamais s'écarter de la route, les qualités paisibles et domestiques de la mère de famille, de la tendre mère de tous ses enfans, de tous les membres de sa famille. Aussi ai-je vu couler des torrens de larmes, larmes justement méritées, dont sa fille, sa nièce et son neveu inondèrent son lit de mort. Hélas! succombant au poids de leur douleur, ils eurent à peine la force de rester à mes côtés, lorsque je rappelai à la mère en agonie et aux enfans fondant en sanglots la vérité que nous venons de nous retracer, que nous ne sommes que voyageurs sur la terre ; que tout ici n'est que préparatif et qu'attente ; qu'une autre patrie nous attend ; que l'ame immortelle ne peut être cernée, que son essor ne se comprime point ; qu'elle est libre et ouverte à jamais, la communication de l'homme qui craint Dieu et fuit le mal, avec l'auteur de toute sainteté et le père de toute miséricorde. Oui, et ce sujet de mon entretien avec la mourante peut bien servir de péroraison au discours que j'adresse à des hommes mortels,

L'Évangile du Christ, loin de nous effrayer par une sombre préparation à la mort, ne demande de nous que la préparation à la vie, d'une vie dont il nous présente partout la certitude et la consolante perspective. Une cité impérissable nous attend ; une réunion auguste de tout ce que dans tous les siècles, et sous toutes les zones, il exista jamais d'hommes consciencieux, d'hommes vertueux, d'hommes craignant Dieu et fuyant le mal. Et nous redouterions le grand jour, attachés aux ombres qui nous le voilent encore ! et nous redouterions le bonheur, après lequel nous soupirons tous !

Non, non, il nous convient, il est digne surtout du Chrétien, que tant de clartés entourent, que tant de promesses élèvent, de passer avec alégresse et confiance du parvis au sanctuaire. L'amour de l'enfant qui se meurt pourrait-il appréhender la réunion avec le père qui l'attend ! D'ailleurs, nous ne cessons de nous le redire à nous-mêmes, sur cette terre rien ne remplit notre ame toute entière ; nos vœux s'élancent toujours plus loin, et nous ne nous sentons libres et bons, qu'autant que nous combattons en nous la terre et ses prestiges. Et cette terre enfouirait ce qui ne provient pas d'elle, ce qui s'arme contre elle ?

Je vous dirai donc avec la franche candeur de la mère de famille dont le cerceuil fixe un moment encore nos regards : *nous sommes voyageurs sur la terre.* Voyageons dans la crainte de Dieu et la fuite du mal. Prenons pour guides la simplicité de mœurs et la droiture de cœur. Aimons Dieu en nous transformant à son image : aimons le père en faisant du bien à ses enfans. Entourés de leurs regrets et de leurs bénédictions, nos regards, élevés au-dessus du néant, fixeront avec assurance l'enseigne déployée de la patrie. Un jour encore, Messieurs, quelques mois ou quelques années encore, et notre pélerinage aussi aura son terme. Le séjour heureux d'outre-terre n'en aura jamais.—Amen.

www.ingramcontent.com/pod-product-compliance
Lightning Source LLC
Chambersburg PA
CBHW061758060726
47597CB00007B/3005